Extrait du Procès-Verbal de la séance générale du Congrès des Agriculteurs d'Algérie
Du Samedi, 18 Décembre 1897.

LA SÉCURITÉ

—:o:—

CONFÉRENCE

FAITE PAR

M. MARCHAL

AU CONGRÈS DES AGRICULTEURS D'ALGÉRIE

ALGER

PRIMERIE ORIENTALE, P. FONTANA ET Cie, RUE D'ORLÉANS, 29

1898

Extrait du Procès-Verbal de la Séance générale du Congrès des Agriculteurs d'Algérie

Du Samedi, 18 Décembre 1897.

LA SÉCURITÉ

—:o:—

CONFÉRENCE

FAITE PAR

M. MARCHAL

AU CONGRÈS DES AGRICULTEURS D'ALGÉRIE

ALGER

IMPRIMERIE ORIENTALE, P. FONTANA ET Cie, RUE D'ORLÉANS, 29

1898

LA SÉCURITÉ

La séance est ouverte à 2 heures 20, sous la présidence de M. BERTRAND, *Président*.

Après l'adoption de divers vœux, l'ordre du jour appelle la question de la sécurité.

M. BERTRAND passe la présidence à M. Priou, vice-président.

LE PRÉSIDENT. — Messieurs, l'ordre du jour appelle la discussion sur la sécurité dans les campagnes.

M. Marchal, premier inscrit, a la parole.

M. MARCHAL. — Je ne puis présenter au Congrès qu'un rapport verbal aux lieu et place de M. Arlès-Dufour qui, retenu au chevet de son fils dangereusement malade, m'a prié, par un télégramme d'hier, de traiter la question pour lui, étant empêché, lui-même, de terminer le rapport écrit qu'il avait commencé.

La sécurité ne saurait soulever beaucoup de discussions contradictoires dans une assemblée de colons. L'accord n'est que trop facile sur les données principales de la question. Pour constater cet accord, je demande à poser tout d'abord à l'assemblée les deux interrogations suivantes auxquelles je la prie de vouloir bien répondre :

Que celui d'entre vous qui n'a jamais été volé lève la main ? (*Tous les membres présents s'abstiennent.*)

Que ceux d'entre vous qui ont été volés, au moins une fois, lèvent la main ! (*Tous les membres présents lèvent la main à l'unanimité en manifestant leur adhésion.*)

Messieurs, ce vote significatif se renouvellerait certainement d'un bout de l'Algérie à l'autre, si on interrogeait tous les colons. S'il suffisait de poser la question pour la résoudre, elle serait immédiatement tranchée, car elle est de celles qui mettraient tout le monde d'accord, chez les Algériens qui cultivent ce pays, Français, Européens et Indigènes et qui sont tous, à des degrés peu différents, victimes du même fléau de l'insécurité.

Certes, on a beaucoup discuté déjà, en Algérie, cette question non encore résolue, on a même beaucoup épilogué là-dessus dans les documents officiels de l'Administration, dans les rapports des Procureurs généraux, dans la presse locale, même au Parlement. Et l'on a très généralement accepté comme une vérité banale que la cause capitale, même unique de l'insécurité des campagnes, était la misère arabe. Dans ces termes, c'est plus qu'une exagération, c'est une erreur. J'admets, pour ma part, que la misère est un facteur de l'insécurité, mais ce n'est pas le principal. Il en est d'autres plus profonds et plus enracinés. On est allé jusqu'à dire à la tribune du Parlement que, si les Indigènes volaient, c'est parce que les colons les avaient provoqués ou dépouillés. Là encore, nous admettons que les expropriations ont contribué au brigandage agricole. Mais nous devons proclamer par dessus tout la cause capitale, dominante, durable du mal. Si les agriculteurs de nos pays sont volés par les Arabes, c'est que les

Arabes sont foncièrement voleurs. Oui, l'Arabe nomade ou demi-nomade est voleur. C'est la fatalité des populations errantes. C'est la tradition de l'Orient nomade.

Je tiens cependant à faire une réserve au début de cette démonstration. Tous les Arabes ne volent pas ; nous en connaissons beaucoup de très honorables, même parmi ceux qui sont sans fortune.

Les habitants des villes, les notables d'Alger, les commerçants indigènes sont, en général, de commerce loyal et de relations faciles. Je puis ajouter que ce n'est pas cet élément qui fournit le plus grand nombre de faillites et de banqueroutes aux statistiques des tribunaux consulaires. Nous avons constaté que, pendant longtemps, une catégorie d'Indigènes : les Mozabites, se livraient au commerce d'une manière très loyale. C'est le mauvais exemple de la faillite organisée et l'impunité qui les ont gâtés.

M. LE PRÉSIDENT. — Je prie M. Marchal de vouloir bien donner une forme concise à son rapport, vu le peu de temps que le règlement accorde à chaque orateur.

M. MARCHAL. — Messieurs, le règlement porte 10 minutes pour les orateurs qui discutent des rapports déjà présentés au nom d'une commission, à moins toutefois que l'assemblée n'en décide autrement. Mais ce n'est pas le cas ; il n'est point contestable que tout rapport général d'une question peut réclamer plus de 10 minutes de développement. Toutefois, je surveillerai la pendule. Je n'abuserai pas de votre temps. (*Plusieurs membres : Parlez ! Parlez !*)

Je reprends donc : Il est nécessaire de l'affirmer très haut, parce qu'on ne l'a pas assez dit : Nous sommes volés, parce que l'Arabe est voleur, mais il faut ajouter cette réserve indispensable : que nous ne considérons pas tous les porteurs de burnous comme des voleurs. Nous admettons des exceptions, beaucoup d'exceptions ; mais pour l'Arabe des tribus et des gourbis, on peut dire que c'est une règle générale.

Cette règle est générale non seulement en Algérie, dans notre belle colonie, mais au delà des zones de colonisation et au delà de nos frontières, même jusqu'au fin fond du pays musulman.

Il n'y a qu'à consulter l'histoire. Tous les voyageurs d'Orient vous raconteront des faits de vols, de pilleries analogués, depuis le Maghreb jusqu'à l'Arabie et la Chine, depuis les Touaregs jusqu'aux Tartares, non seulement depuis vingt ans, mais depuis cent ans et depuis des siècles. Lisez Niebuhr, Schaw, Volney, Palgrave, Burkhardt, Baker, Amicis, Schœlcher et nos écrivains algériens Richard, Hugonnet, Villot, même les voyageurs musulmans, enfin tous ceux qui ont pris contact avec l'Arabe : ils vous diront qu'ils ont vu partout, depuis des siècles, le vol faire partie des institutions de la tribu.

Eh bien, cet état de choses si général en Orient, et préexistant à notre arrivée ici n'a fait que s'aggraver au contact de notre civilisation. Nos fortunes, mal défendues par une organisation judiciaire et préventive faite pour l'Europe, offrait à ces bandits une proie facile et multipliée ; et notre appareil de justice, imposé à nos indigènes par une assimilation vraiment folle, les a désarmés contre leurs ennemis intimes. Nos gendarmes, presque inutiles contre les malfaiteurs de nos grandes villes, n'ont jamais défendu un champ arabe contre les pilleries indigènes.

Je n'insiste pas. Quelque respect que nous ayons pour la gendarmerie, nous devons reconnaître qu'elle est impuissante dans ce pays. Comment en serait-il autrement, d'ailleurs ?

Le règlement spécial de la gendarmerie impose à ce corps une mission qui est presque un rôle de parade : ce que l'on appelle la *correspondance* de brigade en brigade, qui comprend, en effet, une correspondance écrite inimaginable. Chaque brigadier doit tenir 17 registres. Comment voulez-vous, pendant qu'il tient ces 17 registres, qu'il poursuive et arrête les voleurs ?

La justice, vous savez comment elle fonctionne, et elle ne peut pas mieux faire ; car l'institution n'est pas appropriée au milieu indigène.

Quelquefois, dans l'intérieur, on rencontre un tribunal bien disposé qui passe à côté de la loi. Quelquefois, on trouve un juge de paix un peu hardi qui se tient à côté de la lettre précise de la procédure criminelle et qui réussit à réprimer le banditisme dans sa localité. Mais, si, au contraire, il applique aveuglément la lettre de nos lois compliquées, s'il est en désaccord avec l'administrateur ou avec le bureau arabe, oh ! alors, les indigènes étant protégés contre les colons, ceux qui ne sont pas voleurs le deviennent. La justice informe, mais elle ne réprime pas ; il lui arrive même parfois d'informer contre les volés qui n'ont pas eu assez de mansuétude pour les bandits.

Quand, par hasard, on a saisi un indigène voleur, qu'arrive-t-il ? Quel est celui d'entre nous qui n'a pas été victime d'un vol important ? Le gendarme est venu chez vous, a dressé procès-verbal et vous a invité à *comparoir* devant le magistrat instructeur. Il vous a fallu parcourir 30, 40 ou 50 kilomètres pour faire votre déposition. Tous les témoins n'étant pas présents, il vous a fallu faire la navette entre le palais de justice et votre ferme. Enfin, après de nombreuses enquêtes contradictoires, on arrive devant la justice. Oh ! alors, c'est le triomphe du voleur. L'avocat lave la tête au magistrat instructeur et au colon volé et, bien souvent, grâce aux faux témoins, on voit, à la confusion des gens de bien, le voleur sortir triomphant du prétoire à la barbe de celui qu'il a dépouillé.

Une deuxième fois, le volé ne se plaint pas. Si une information commence malgré lui, il s'en désintéresse. Il préfère offrir à boire aux gendarmes en leur déclarant qu'il n'a aucun indice, aucun témoin et essaie de rattraper l'objet du vol, en transigeant avec ceux qui l'ont dépouillé et en subissant la *bechara*. Il n'est personne ici qui ne sache ce que c'est que la bechara.

Tout ceci démontre à quel point la justice française est impuissante ; car, si ce pays est fécond en vols, il l'est plus encore en faux témoignages indigènes. Il y a, dans l'intérieur, des marchés de faux témoins dont on connaît les tarifs. Des courtiers arabes connus tiennent comptoir de témoins, pour la Correctionnelle, pour la Cour d'assises.

J'arrête là le chapitre de la justice, il faut bien parler un peu de la prison. On ne peut se douter de ce qu'est notre répression pour les indigènes si on n'est pas allé en prison. J'y suis allé pour voir comment cela fonctionnait.

A l'entrée, un tableau indique le menu qui varie presque tous les jours de la semaine. On applique aux indigènes les règlements de France, pays où l'emprisonnement est plutôt une peine morale que matérielle, tandis que, pour le musulman, la prison n'a absolument rien d'infamant. D'ailleurs, on les soigne comme de bons pensionnaires. On leur donne de la soupe, de la viande, des légumes, alors qu'ils ne se nourrissent, dans leurs gourbis, que de galette d'orge.

LE PRÉSIDENT. — Cela serait bon à dire, ce soir, au dessert du banquet.

M. MARCHAL. — Il est évident que la plupart des Algériens savent ces choses-là, mais si nous sommes réunis en Congrès, c'est moins pour nous apprendre à nous-mêmes ce que nous savons, que pour le faire connaitre au dehors, au public et surtout à l'autorité. Ce qu'il importe, c'est de dire ces choses officiellement, de le dire au nom d'une assemblée et non dans les couloirs d'un Conseil général. Vous savez tout cela, dites-vous, mais l'avez-vous dit et avez-vous demandé que l'autorité agisse en conséquence ?

M. PRIOU. — Nous l'avons demandé.

M. MARCHAL. — Vous avez bien fait, mais il faut le redemander encore, puisque vous n'avez encore rien obtenu ; et en le demandant, il est nécessaire d'indiquer des faits précis, des documents même qui démontrent que nous avons étudié cette vie-là, que de même que la loi est mauvaise, la prison est une récompense, et que l'homme qui a l'habitude de vivre dans un gourbi sera heureux d'aller dans une prison, aussi bien tenue, certes, que cette salle de la Chambre de Commerce et d'aller y jouir d'un repos complet, de soins empressés, avec une nourriture qu'il ne connaissait pas : de la soupe, du bouillon gras et de la viande, etc. ; on peut sûrement appliquer, *en tenant compte des mœurs arabes,* le mot de La Fontaine: bon souper, bon gîte.... et le reste.

Voici donc, en résumé, la situation :

Tout notre régime légal, pénal, préventif ou pénitentiaire est déplorable, et quand notre collègue M. Priou, avec l'autorité de son expérience personnelle, vient nous dire : « Cela nous l'avons dit toujours », je réponds : Non, vous ne l'avez pas toujours dit. Depuis 25 ans de régime civil, on inscrit, chaque année, une somme considérable et toujours de plus en plus forte au budget ; et vous votez, sans protestation suffisante, pour les prisons, pour les tribunaux, pour les gendarmeries, et quels sont les clients de ces gendarmeries, de ces tribunaux, de ces prisons ? C'est toujours, dans la proportion de 9 sur 10, l'élément arabe. Nous sortons de notre budget la majorité des fonds nécessaires à augmenter cet appareil de justice coûteux, plus qu'inutile, dangereux, puisqu'au lieu d'arrêter le banditisme, cet appareil le développe considérablement.

Cette thèse, puisque vous la reconnaissez juste, il faut la répéter jusqu'à ce que le Gouvernement la fasse sienne et nous accorde les réformes nécessaires.

Je suis un de ceux qui, les premiers, l'ont indiquée, soit au Conseil général, soit lorsqu'on m'a délégué, au Conseil supérieur. Toujours, dans cette dernière assemblée, le premier Président de la Cour d'Appel nous disait que la situation allait s'améliorer, parce que les récoltes étant bonnes les Indigènes seraient moins voleurs. Les colons, qui s'y connaissent, ceux de Sétif par exemple, répondent dans les délibérations de leurs Comices agricoles, que la misère n'est pas la cause des vols et ils constatent que, dans une récente période de trois années d'excellentes récoltes, les vols n'ont fait que suivre une progression régulière et constante.

Donc, il ne faut pas plus compter sur la clémence

du ciel que sur l'augmentation de la gendarmerie pour modifier une situation pareille.

La conclusion de toutes ces observations est celle-ci :

Tout notre appareil judiciaire étant inefficace en face des voleurs indigènes, il faut le changer. Il faut radicalement modifier le régime actuel. Cette vérité, qui nous paraît si évidente aujourd'hui, était contestée hier encore officiellement par les plus hauts fonctionnaires ; aujourd'hui, je puis présenter un document démontrant qu'il n'en est plus ainsi et que le monde officiel pense désormais comme nous, comme les colons. A l'audience d'ouverture des travaux de la Cour d'Appel, M. Durrieu de Leyritz, substitut du Procureur général a, cette année, consacré son discours à la question de la sécurité. Dans une très complète et très remarquable étude, impartiale et hardie, le magistrat a reconnu franchement que notre appareil de justice est inutile vis-à-vis des Indigènes. Je tiens à vous lire un passage caractéristique de son discours, qui résume très clairement ce que ce distingué magistrat pense de la loi qu'il est chargé d'appliquer :

M. Durrieu de Leyritz s'exprime ainsi (page 55) :

« Disons-le avec la calme assurance qui est le droit « d'une conviction sincère et réfléchie : il faut à « l'Algérie *un code pénal et un code d'instruction* « *criminelle revisés spécialement* en vue des exigen- « ces de sa sécurité. »

C'est la pensée conforme au vœu que nous avons présenté au Conseil général et au Conseil supérieur, en invoquant l'exemple du Gouvernement anglais qui a établi, pour les Indes, *un code pénal spécial* confié à la rédaction de ses plus éminents juristes. Sous la plume d'un magistrat comme M. de Leyritz, du haut de son siège et dans une circonstance aussi solennelle qu'officielle, une pareille déclaration a une importance que je vous signale. C'est la consécration officielle d'une doctrine qui avait été jusqu'alors celle des colons. C'est un premier résultat.

Il resterait maintenant à appliquer cette doctrine. Mais il se produit pour la sécurité ce qui se produit pour une foule d'autres questions ; c'est qu'il faut attendre que le Parlement s'en occupe et vous savez comment, depuis quelques années surtout, il s'occupe de nous : pour augmenter nos charges et non pour les diminuer, pour effleurer les réformes algériennes et non pour les réaliser.

Le Parlement, en matière algérienne, fait comme la justice en matière criminelle : La justice *informe*. Le Parlement aussi. Pendant ce temps, l'insécurité continue. ..

En attendant que le Parlement mette sur le chantier cette réforme d'ensemble si importante, il est beaucoup de mesures de détail qui, soigneusement appliquées, seraient un palliatif et un soulagement au mal de l'insécurité.

Ces mesures pratiques et d'ordre surtout administratif, ont été étudiées longuement dans nos assemblées départementales et résumées dans un des premiers Congrès qu'aient tenu les élus algériens.

Je veux parler de la réunion interdépartementale formée, il y a cinq ans, par les délégués des Conseils généraux pour la *sécurité* ; elle a abouti à une série de vœux que l'Administration a dû, elle-même, reconnaître excellents, malgré les résistances qu'elle avait d'abord tenté d'opposer à cette réunion.

Comme conclusion à ma thèse, je propose au Congrès de s'approprier les propositions de cette Commission interdépartementale. Le Congrès pourrait donner son adhésion à l'ensemble de ces propositions dont quelques-unes, d'ailleurs, ont déjà reçu une réalisation partielle. Les articles votés sont nombreux et le projet est long....

Plusieurs Membres demandent que l'orateur en donne un simple résumé.

M. Marchal. — Il est impossible de synthétiser des articles qui sont eux-mêmes la synthèse d'une discussion ; mais, si vous voulez, je vais vous lire très rapidement ces articles. (*Lisez !*)

I. — Mesures préventives.

§ 1

1° Réorganisation des douars.

2° Groupement des indigènes.

3° Interdiction aux indigènes, en pays arabe, de s'installer par tentes isolées ou à proximité des fermes européennes.

4° Reconstitution des djemaâs en pays kabyles.

5° Meilleur recrutement des Cheiks, Caïds et Présidents.

6° Réserver ces fonctions de préférence aux familles notables dans chaque région et aux anciens sous-officiers ou officiers indigènes.

7° Répartition plus équitable des parts leur revenant dans la perception des impôts.

8° Paiement des Cheiks par appointements fixes.

9° Obligation, pour chaque Chef, d'avoir l'état exact des personnes composant chaque famille de la fraction placée sous sa surveillance et des biens, spécialement des animaux possédés par chaque individu.

10° Mêmes obligations pour les européens employant des khammès sur leurs fermes.

11° Organisation de postes et de rondes de nuit dans chaque fraction.

12° Obligation, pour les Chefs responsables, de signaler immédiatement à l'Autorité, les indigènes dont l'absence sera constatée, et spécialement l'absence nocturne.

§ 2

1° Rappel à l'Administration des dispositions existant en matière d'achat et de détention d'armes et munitions, spécialement en ce qui concerne l'obligation de ne délivrer des autorisations d'armes sans avis écrit et préalable des Maires et Administrateurs.

2° Rappel des prescriptions édictées relatives aux permis de circulation, dont la durée sera laissée à l'appréciation de l'autorité locale.

3° Nécessité de préciser toujours, sur le permis, la destination que le détenteur se propose de rejoindre.

4° Surveillance, sur les marchés, des arrivages de bétail; constatation, dans la mesure du possible, de leur provenance par les agents de l'autorité.

§ 3

1° Augmentation des forces de police.

2° Rétablissement des forces supplétives.

3° Suppression de la police de sûreté et son remplacement par un Service d'agents secrets.

4° Centralisation à Alger des renseignements de police.

5° Généralisation du service anthropométrique.

6° Arrêtés interdisant le débarquement dans les ports d'Algérie, de toute personne de nationalité étrangère, non pourvue de papiers officiels établissant son identité et ne justifiant pas des premiers moyens d'existence.

7° Obligation de faire reconduire par la gendarmerie, à la frontière algérienne, les Marocains expulsés.

8° Application sévère des dispositions relatives aux expulsions d'étrangers, repris de justice.

9° Extension de l'internement des indigènes suspects, de département à département ou en Corse.

§ 4

1° Suspension de l'exécution de la loi de 1873, en limitant provisoirement son application dans les territoires où les formalités ont été commencées.

2° En réserver l'application, dans l'avenir, dans les territoires où le Gouverneur général, statuant en Conseil de Gouvernement, aura reconnu la nécessité d'ouvrir de nouveaux périmètres de colonisation ou d'agrandir ceux existants.

3° Maintenir son application pour toutes les dispositions du titre III.

4° Remanier l'assiette de l'impôt arabe et améliorer surtout les modes de perception..

5° Modérer l'application des dispositions du Code forestier en pays arabe. Ouverture de chemins dans les massifs forestiers.

6° Assurer strictement la fermeture des Zaouïas non autorisées.

7° Elévation des crédits destinés à l'organisation des forces de justice et de sûreté générale.

II. — MODIFICATIONS A APPORTER DANS LA CONSTATATION DES CRIMES ET DÉLITS, L'INSTRUCTION DES INFORMATIONS ET LE JUGEMENT DES INCULPÉS.

§ 1

1° Attribution aux Administrateurs des pouvoirs de police judiciaire sur toute l'étendue de leur territoire.

§ 2

1° Encouragements et avantages à accorder aux Magistrats et aux Administrateurs parlant la langue arabe ou kabyle, aux chefs et adjoints indigènes qui parlent le français.

2° Primes spéciales à accorder aux gendarmes, agents et préposés forestiers.

3° Recrutement dès juges suppléants rétribués, parmi les personnes notables parlant l'arabe ou le kabyle, bien que non pourvues des diplômes de licencié en droit ou de législation et coutumes indigènes.

4° Obligation, dans un délai de trois ans, pour tous les Juges de paix et les Administrateurs, de justifier de la connaissance d'une de ces langues, et exiger ces conditions pour les nouvelles promotions.

§ 3

1° Suppression de la participation du jury aux jugements des affaires dans lesquelles les accusés et les victimes sont des indigènes.

2° Dispositions législatives spéciales à provoquer du Parlement pour le renvoi, devant des tribunaux criminels d'arrondissement, jugeant en dernier ressort et sans la participation du jury, d'un très grand nombre d'affaires qui, en l'état de l'application intégrale du Code d'instruction criminelle, sont renvoyées devant les Cours d'assises.

3° Augmentation des frais de justice criminelle et revision de la réglementation restrictive adoptée par le Parquet général d'Alger pour leur emploi.

4° Constitution de Commissions disciplinaires en territoire civil, fonctionnant dans les conditions des Commissions disciplinaires existant actuellement en territoire militaire, ayant le droit de statuer, sans appel ni recours, et dont les décisions seront immédiatement exécutoires.

III. — MODIFICATIONS RELATIVES AUX PEINES ET A LEUR MODE D'EXÉCUTION.

§ 1

1° Rappel à l'exécution absolue et à la stricte observation des dispositions de la loi du 27 mai 1885, sur la relégation.

2° Adoption d'une loi sur la relégation spéciale de l'Algérie, permettant la relégation des récidivistes indigènes dans des conditions plus fréquentes et plus rigoureuses que celles actuellement applicables en vertu de la loi précitée.

§ 2

1° Emploi des prisonniers indigènes à des travaux de défrichement, de construction de routes et autres travaux d'utilité publique à exécuter dans les régions ouvertes aux nouveaux périmètres de colonisation ou dans le Sud.

2° Interdiction de conserver dans l'intérieur des prisons et de soustraire aux travaux précités, tout prisonnier condamné à une peine de plus de deux mois d'emprisonnement restant à courir à la date du jugement définitif.

3° Emploi des prisonniers subissant des peines de courte durée dans les geôles ou prisons des petites villes de l'intérieur, à des travaux à exécuter dans ces villes ou aux environs.

4° Modifications à apporter aux règlements actuellement en vigueur en ce qui concerne le vêtement et la nourriture des prisonniers indigènes.

5° Ramener leurs vêtements et leur nourriture aux conditions et au régime de leur vie habituelle.

6° Transfert à la Nouvelle-Calédonie, ou mieux dans telle autre île spéciale, de tous les indigènes condamnés aux travaux forcés.

7° Adoption de nouvelles mesures de surveillance spécialement rigoureuses pour éviter l'évasion de ces condamnés et leur retour en Algérie.

8° Modération dans l'exercice du droit de grâce, en considération de la situation de l'Algérie et de l'état moral des populations indigènes.

Voilà ce qui a été adopté, le 15 décembre 1895 par la Commission interdépartementale des délégations des trois Conseils généraux et approuvé ensuite par la grande majorité des colons. Je crois qu'il suffirait, sans prendre maintenant la peine de voter un par un tous ces vœux, de donner une adhésion à l'ensemble de ces dispositions, dont cependant quelques-unes sont devenues caduques. Par exemple, pour ce qui concerne la propriété, le Parlement a voté une nouvelle loi sur la propriété indigène et il l'a fait, d'ailleurs, sans consulter les colons. J'indique, en passant, que cette loi algérienne, préparée sans les Algériens, ne paraît pas heureuse. Je crois que, additionnellement à un vote d'ensemble approuvant ces dispositions, on pourrait ajouter le vote d'une formule générale conforme à nos vœux antérieurs et conforme à l'opinion que vient de donner un magistrat, en pleine Cour d'Alger, pour demander la revision entière du Code pénal et du régime pénitentiaire en Algérie.

C'est ce que je résume dans l'ordre du jour suivant, que j'ai l'honneur de proposer au vote du Congrès :

> Le Congrès émet le vœu que le Gouvernement prenne en considération les propositions émises en décembre 1893 par la Commission interdépartementale de la sécurité ;
>
> Emet le vœu que le Gouvernement entreprenne, à bref délai, l'étude d'une nouvelle législation pénale et pénitentiaire pour l'Algérie, comme il a été fait pour les colonies anglaises.

M. Broussais. — Je vais me placer sur le terrain pratique, celui des agriculteurs. Tout ce que vient de vous dire M. Marchal est excellent et son opinion est celle des 3 départements. Nous étions un grand nombre de conseillers généraux et c'est au sein de cette réunion interdépartementale que cette proposition a été adoptée. Vous ferez bien de sanctionner par votre vote nos desiderata, qui sont les mêmes que ceux de la Commission.

Mais j'ajouterai que toutes les mesures que l'on pourra prendre ne seront efficaces qu'à la condition que le gouvernement se décidera à appliquer, lorsque dans les tribus il existera un caractère d'opposition systématique contre les colons, le principe de la responsabilité collective contre les Indigènes de ces tribus.

Je m'empresse d'ajouter que cette idée n'est pas aussi injuste qu'on pourrait le supposer et elle a été accueillie au Parlement par des esprits remarquables. M. Fleury-Ravarin, dans un rapport, a appelé l'attention des Pouvoirs publics sur l'utilité d'appliquer le principe de la responsabilité collective.

D'ailleurs, les droits des Français doivent passer avant les droits de la barbarie. Nous devons demander à l'Administration d'appliquer cette législation. Lorsqu'un pillage quelconque est commis, il faut que ce soient tous les gens de la région qui paient. L'Administration doit frapper les Indigènes qui se coalisent contre nous.

Je vais donner lecture de la formule de mon vœu :

Le Congrès des Agriculteurs adoptant les propositions présentées par la Commission interdéparmentale, émet le vœu que le Gouvernement n'hésite pas à appliquer le principe de la responsabilité collective des douars et tribus, toutes les fois que la sécurité des colons est mise en péril par des crimes et délits révélant chez les indigènes d'une région un esprit de rapine et entente pour dissimuler les coupables aux autorités françaises.

UN MEMBRE. — Je demande qu'une fois pour toutes, le principe de la responsabilité collective soit définitivement posé, de manière à ce qu'on n'égorge plus et qu'on ne pille plus les colons.

. . . .

. . . .

Le vœu de M. Marchal, mis aux voix, est adopté à l'unanimité.

Le vœu de M. Broussais est également adopté à l'unanimité.